Vivir de escribir:

25 trucos para escritores independientes

Hemos hecho un grupo en Facebook para seguir compartiendo trucos, se llama Vivir de escribir. ¡Únete!

https://www.facebook.com/groups/vivirdeescribir

Introducción

De niño, cuando les decía a mis padres que quería ser escritor, me decían que eso era muy difícil, tanto como ser futbolista (no lo niego); y que lo mejor es que tuviese un trabajo, como, por ejemplo (recurrente ejemplo) profesor, y que, en mis ratos libres, escribiese. ¿Cómo? ¿Es imposible vivir *únicamente* de escribir?

MENTIRA.

Durante un tiempo me lo creí, hasta que empezaron a ofrecerme dinero por mis escritos y comencé a conocer a otras personas que, siendo todavía estudiantes, también habían encontrado formas de obtener muy jugosos ingresos de la escritura.

Es posible vivir de escribir, la experiencia me lo ha enseñado y aquí comparto cómo. Para todos aquellos que, como yo cuando era niño, desean hacerlo, pero todavía no lo han conseguido. Sintetizo al máximo años de vivencias, de ensayos y errores.

No necesitas tener un aburrido trabajo que odias. Si de verdad te interesa el arte de ordenar espacios y letras, hay millones de personas deseosas de aprovechar tu talento: tiene un enorme valor en el mercado.

Fíjate, existen muchísimos temas que sí o sí deben pasar por escrito: correos, peticiones formales, anuncios, noticias, biografías, manuales, instrucciones, catálogos... Incluso una buena carta de un restaurante debe incluir unas sucintas descripciones de cada plato y bebida.

Y existe muy poca gente que sepa expresarse por escrito con claridad, haciéndose entender, economizando el espacio y logrando impactar.

Hay una oportunidad para escritores que se tomen en serio su profesión y aprovechen al máximo su propia creatividad.

Es difícil porque nos han educado para obedecer, para hacer lo que nos mandan, y, como vemos más adelante, si quieres vivir de escribir, no debes limitarte a redactar para otros. Tampoco puedes escribir exclusivamente lo que a ti te gusta.

Para ganar dinero tendrás que escribir textos que le interesen a alguien más que a tu mamá. Hay quien dice que esto es prostitución, que un escritor debe dejarse llevar por sus musas o cualquier otra justificación del viejo mito de que tiene que ser pobre.

No hay ningún problema con esos guetos de escritores marginales, en el mejor de los casos: son buenos lectores. La mayoría pasan la mayor parte de sus horas en empleos que detestan, los felicito por su autenticidad, yo prefiero despertarme cuando quiera cada mañana.

Escribo, en fin, el libro que a mí me gustaría haber leído. Aquí no encontrarás debates abstractos (léase pajas mentales), lo que nos interesa es la práctica.

Este no es el primero que existe sobre este tema, por eso me podré ahorrar contenido que puedes encontrar buscando en Google y Amazon.

Aquí te muestro lo que a mí me ha servido, mi trayectoria, los secretos que muchos del gremio no querrían que nadie más supiese. El *know how* del escritor emprendedor y empresario.

Advierto a navegantes: ser escritor profesional requiere disciplina y pasión. La disciplina, autodisciplina en caso de que seas independiente, se puede mejorar. La pasión no, si no te gusta publicar, si no lo haces por la necesidad de expresarte y de crear, es muy complicado que logres dedicarle las horas necesarias para que suponga una fuente de ingresos lo suficientemente potente para darte la vida que quieres.

No me voy a detener mucho en esto. Respecto a la autodisciplina, hay montañas de libros sobre hábitos y rutinas que pueden ayudarte. En resumen: necesitas practicar a diario (mínimo cada semana), al menos durante unos cuantos años (ponte cinco como un panorama en el que, con mucho esfuerzo, puedes llegar a componer mejor que la mayoría).

Si sueñas con ser conocido/a por tu obra literaria (aunque uses pseudónimos, siempre puedes revelar tu identidad ante quien desees), o vivir de ayudar a solucionar problemas (si tu género preferido es el ensayo), esta obra es para ti.

Seguramente estés aquí porque te ha faltado algo para poder dedicarte al 100 % a las palabras, o quizás ya lo hagas, pero quieras mejorar. ¡Vamos!

Hay dos grandes formas de conseguir dinero, la primera te sirve para aprender, la segunda para jubilarte.

La primera es un trabajo, la segunda un negocio.

Siguiendo la filosofía financiera de Robert Kiyosaki: no trabajes por dinero, hazlo para aprender.

Esa es la primera forma de empezar a ganar dinero por escribir, la segunda es vivir de las regalías, ya sea autopublicación con Amazon y/u otras plataformas, coedición, o con editoriales que te paguen un porcentaje de las ventas, los *royalties* o regalías.

Si escribes y lo vendes, como *ghostwriter* o negro literario, es la primera forma. Si lo publicas o autopublicas es la segunda.

Ambos caminos se combinan y retroalimentan.

Por ejemplo, puedes imprimir y repartir tus textos personalmente por librerías y bares (sí, lo he hecho, y te sorprendería el dinero que puedes recaudar en muy poco tiempo), lo cual sería la primera vía: cobras por el trabajo que haces como vendedor.

Te sirve para aprender sobre la aceptación de tu obra ¿gusta? ¿la vendes fácil? Pide opiniones y escúchalas sin ponerte a defender tu texto. Además de ingresos activos y aprendizaje, también puede ayudar a tus activos: aprovecha para dar a conocer todo lo que tengas (auto)publicados.

¿Todavía no tienes ninguno? En una semana es posible publicar un texto decente. Esta semana, si vendes algo escrito por ti, asegúrate de conseguir los datos de contacto (correo electrónico y teléfono, si es posible) de cada comprador, y avísales de que la semana que viene estará tu próxima publicación.

Ahora ya no solo te has comprometido contigo mismo, no puedes fallar, ¿te parece difícil tener un texto completo en una semana? Ya avisé de que este no era un camino fácil, pero sí que es posible.

Escribe unas horas cada día, sin hacer correcciones, concentrado. Usa el método pomodoro si eres incapaz de enfocarte.

En general, la primera vía potencia de muchas formas que alcances la segunda. El problema es quedarse en la primera o que la segunda sea demasiada pequeña, eso es lo que sucede en la mayoría de los casos.

Hay magníficos escritores que no saben mucho de finanzas y por ello no logran vivir de la escritura. No seas uno de ellos.

Una empresa, si va mal, se declara en quiebra y a otro asunto. Tú no eres una empresa. Somo humanos, aquí no te voy a decir que vivas para trabajar, el plan es que seas eficiente financieramente para, lo antes posible, asegurar las fuentes de ingresos con las que vivir de escribir sin tener que estar pendiente de llegar a fin de mes (Amazon paga regalías mensualmente, las editoriales tradicionales, una sola vez al año).

¿Cómo hacemos?

Está muy bien tener buenos clientes que te compren textos regularmente. Conforme superamos la curva de aprendizaje, cuando ya llevamos cierto tiempo dedicándonos a un mismo tipo de escritos, acabamos las redacciones cada vez más rápido.

Con la experiencia puedes mejorar sin parar, consigue profesionales que te den una buena retroalimentación y tu desarrollo será exponencial.

Al hacer mejores libros o artículos podrás venderlos más caros, y, como ya dominas la información, el tiempo que necesitarás para hacerlos será mínimo. ¿Suena bien, verdad?

Esa es la trayectoria habitual de un redactor o escritor fantasma.

Y no es la mejor.

Si quieres vivir de escribir, no puedes depender de esta vía. No puedes ganar dinero solo cuando un cliente decida comprarte algo, porque dependerás de ellos, y aunque sean muchos, siempre van a ser menos que tus posibles lectores.

Podrás tener, como muchísimo, unas decenas de buenos colegas que te estén pidiendo contenido y con los que estés a gusto. Por mi experiencia, con tener tres o cuatro es suficiente para vivir tranquilamente. Más, son difíciles de gestionar y ya debes contar con un buen equipo de trabajo (otros redactores y correctores, como mínimo).

El problema de depender de los ingresos activos es que están limitados a la cantidad de tiempo que les puedes destinar.

En cambio, los ingresos pasivos los obtienes por derechos de autor de contenido que ya no te requiere más trabajo. Cobras sin hacer nada, mientras duermes. Y la escalabilidad (la cantidad de ventas que puedes llegar a tener) es infinita.

Empieza ingresando dinero por la primera y la segunda vía al mismo tiempo, cuando obtengas lo suficiente de forma pasiva (segunda vía), ya estarás del otro lado: serás libre financieramente.

Como eres escritor, seguirás haciendo lo que más te gusta, pero ya no tendrás que preocuparte por los ingresos, podrás hacer solo lo que más te guste.

Capítulo 2: El camino del escritor

Aunque mi vocación fue temprana, tuve que esperar hasta la mayoría de edad para vivir de la escritura. Quizás, antes, logré vivir *del cuento*, pero esa es otra historia.

Los ingresos llegaron cuando estuve en la universidad, y fueron de dos tipos: el primero, las becas. Existen muchas, debes buscarlas y solicitarlas. ¿Ser becario es vivir de escribir? En la mayoría de los campos de estudio sí, sacarse una carrera consiste en poco más que leer y redactar, con alguna exposición oral de por medio.

Los posgrados cuentan con mayor cantidad de becas, y, otra vez, te pagan por poner palabras en papeles, ya sea una tesis o un trabajo de fin de máster (TFM). En la sección de trucos o *hacks* incluyo más información sobre estas oportunidades de financiación.

Para mí llegó un día en el que las becas se acabaron. En cambio, la segunda de forma de rentabilizar mi pasión que aprendí en la universidad sí que me ha acompañado años después. Me convertí en escritor fantasma o negro literario antes de conocer esas palabras. Yo no lo busqué, me empezaron a llegar solicitudes de exámenes y trabajos universitarios.

Así, era becario y además hacía trabajos para otros por mi cuenta. No vivía mal.

Cuando decidí centrarme en mi habilidad para redactar siguiendo indicaciones conocí el *marketing* de contenidos. Para quien no lo sepa es la creación de artículos, libros, audios y/o videos con la intención de vender, aunque sin hacerlo directamente. La técnica es aportar valor, no hacer promoción explícita, solo en el último párrafo hacer una llamada a la acción que invite a comprar o, al menos, a conocer más.

¿Has escuchado la expresión "el contenido es el rey"? Aunque algunos dicen que es anticuado, sigue siendo cierto. La cuestión es que hay infinita información, por lo que la batalla por la atención es terrible y la calidad debe ser máxima. Tienes que ser prácticamente brillante. Y eso se consigue echándole muchas horas.

Entrando en materia, si quieres ser un redactor de contenido tienes que conocer sobre SEO: Search Engine Optimization, optimización en buscadores: hacer que tus textos aparezcan en las primeras posiciones cuando alguien realiza una búsqueda relacionada.

Es una habilidad muy importante, hoy día, si quieres vivir de escribir. No solo conocer el SEO de Google, también de Amazon, Instagram, Facebook…

Estuve un tiempo viviendo así, pero tenía un problema: no podía aceptar más trabajo, tenía demasiado. Y, aunque estaba bien, tampoco es que fuese millonario. ¿La solución? No trabajar solo. Uniéndome con otros profesionales pude garantizar resultados a los clientes.

El estilo del autónomo o del *freelance* solitario es peligroso. Todos tenemos días malos, y es muy difícil ver nuestros propios errores. Si te dedicas a crear contenido, necesitas a alguien que te dé un punto de vista objetivo, retroalimentación.

Si redactas por dinero, no puedes cometer errores. Te están pagando por eso, porque consigues textos impecables. Si entregas errores, estás acabado. Te puede pasar una vez o dos, es inevitable, pero no serás un auténtico profesional hasta que puedas hacer contenido de primer nivel, y para conseguirlo no puedes estar solo/a.

Aspira siempre a la excelencia. No vas a vivir de escribir si eres mediocre, tienes que ser maravilloso/a. La perfección es imposible, pero aspirar a ella no está mal. Ponte plazos de entrega mínimos y cúmplelos, aunque sepas que no está perfecto, pero después de que alguien más te certifique que, al menos, no tiene erratas ni cualquiera de los errores más comunes: faltas de concordancia, redundancias, mala puntuación, etc.; el tema de las correcciones da para otro compendio.

Si eres escritor, el corrector es tu mejor amistad, encuentra a quien no solo te corrija, sino también te haga comentarios para mejorar, y será el mejor profesor que puedas tener.

El equipo al que me uní yo, para garantizar la calidad del trabajo, es crearycorregir.com, un equipo interdisciplinario e internacional. Actualmente sigo trabajando con el equipo, son quienes se encargan de ayudarme con este compendio, que nunca hubiese existido sin su ayuda.

Si quieres servicios de correcciones, creación de contenido, asesoría, clases particulares o cualquier otra cuestión relacionada con el hermoso mundo de las letras, puedes escribirnos a contacto@crearycorregir.com.

Mi historia, haciéndotela breve, termina aquí: en la actualidad escribo y autopublico en coedición con Crear y Corregir Ediciones usando pseudónimos, como el que uso ahora mismo.

¿Por qué no revelar mi verdadero nombre? Por dos razones, la primera es que valoro mi seguridad y privacidad, no me gustaría convertirme en una figura pública. La segunda, tan o todavía más importante, es que escribo en tantos géneros que sería confuso para lectores.

Esto no me lo invento, lo aprendí de Enrique Laso, el primer español que vendió más de medio millón de libros electrónicos. Él mismo recibió las críticas de sus lectores porque tras leer un libro que les gustaba, iban a otro, también escrito por él, pero que ya no se parecía: `esto no es lo que me esperaba´, decían en sus reseñas negativas.

Ya casi no escribo para otros, pero lo sigo haciendo, únicamente cuando el tema me interesa. Es un método que me fuerza a aprender y a dar resultados en un plazo limitado, además de que el dinero llega rápido. Me encanta. Aunque en el futuro planeo jubilarme y vivir enteramente de mis regalías. Calculo para entonces ya tener unos cuantos cientos de textos de calidad de muy diferentes nichos y en varios idiomas.

Una vez leí que solo uno de cada 5 mil libros logra ser un auténtico éxito de ventas. Si todavía no has obtenido los resultados que necesitas para vivir de escribir, plantéate llegar a ese número, así, según la estadística, lo más probable es que logres crear una obra maestra de esas que duran generaciones, capaz de dar de comer a tus hijos y nietos.

¿Cuánto puedes tardar en escribir 5 mil libros? Muchos años. Contrata a otros escritores para alcanzar antes la cifra del éxito.

…

Volvamos a la primera vía, si estás empezando, querrás dinero cuanto antes, la independencia financiera, aunque implique muchas horas tecleando.

¿Dónde encontrar a quienes te compren textos? En las agencias de *marketing*. Olvídate de venderle a personas, si quieres dinero de verdad: vete a por las empresas. El B2B, *business to business*, como dicen los gringos, da grandes resultados.

La mayoría de las empresas dedicadas al *marketing* tienen su propio equipo de redactores, pero, si el trabajo es creciente, sus horas de trabajo resultan insuficientes y el *outsourcing* es la solución de la que te puedes aprovechar.

Eso sí, tendrás que hacer textos exquisitos, para ello es conveniente que ya estés asociado a algún corrector. Muéstrales pruebas de tu trabajo a tus potenciales clientes (puedes solicitar que te publiquen algún artículo en crearycorregir.com/blog para que te sirva de portafolio y tus potenciales clientes puedan leerte), cumple siempre los plazos y acepta cualquier cambio que te soliciten.

Créeme, conozco muy bien el sector, hay montones de redactores, pero muy pocos que escriban realmente bien, no "desaparezcan" y tengan unos precios accesibles. Conviértete en uno de ellos y no te faltará trabajo.

Una de las agencias de *marketing* de contenidos que más redactores *freelance* tiene es LowPost. Como su propio nombre indica, han logrado producir textos (*posts*) a *low cost*, y es, cómo no, gracias al trabajo barato de los *freelancers*. A cambio, dan retroalimentación y material de apoyo. Una buena oportunidad para aprender.

Si resides en España, Colombia o México, seguramente podrás hacerte una cuenta y enviar un texto de prueba. Si te aceptan, en los primeros momentos solo podrás elegir trabajos que publican en su página web, dentro de tu usuario (antes cumplimentarás todos tus datos, incluyendo aquellos temas con los que más cómodo te sientes escribiendo). Lo que te pagarán será muy poco y los textos muy cortos, es una forma de iniciarse.

Si los vas haciendo muy bien, según las puntuaciones tanto de uno o varios correctores y del departamento de calidad, como de los clientes, que también califican del 0 al 5 tus trabajos, cada vez te aparecerán mejores ofertas.

Es posible que, cuando cuentes con alguna experiencia, si tu desempeño es bueno, te ofrezcan ser también corrector, antes te darán una pequeña formación por videollamada.

Con algo de tiempo, es posible que te lleguen correos electrónicos solicitándote contenido *premium*, este requiere más investigación (si no eres experto/a ya) y está mejor pagado. Estos artículos se los venden a clientes que pagan más de lo habitual a cambio de un mayor seguimiento y una mejor selección de los redactores.

LowPost puede ser un complemento a tus ingresos y una fuente de aprendizaje, pero no pretendas tenerlo como único cliente. En primer lugar, no sería legal, ya que el contrató es como autónomo, trabajador por cuenta propia o *freelance*.

Y, aunque no fuese así, es difícil hacer el contenido suficiente para ganar lo equivalente a un salario mínimo en el Estado español (950 €), al menos al principio de tu carrera. En cualquier caso, siempre es mala idea depender de un único contrato/proveedor/cliente.

¿Cómo encontrar otras personas o instituciones que te paguen por escribir? En mi caso, me gané una buena fama gracias a mi pasión, mis habilidades de escritura y las calificaciones del profesorado universitario.

No necesité anunciarme, pero quizás la publicidad de toda la vida pueda funcionar: pásate por las escuelas, institutos y facultades que tengas más cerca y anuncia tus servicios como redactor. También, más barato (y con el confinamiento, más eficaz), puedes hacerlo desde páginas webs de anuncios gratis, los grupos de Facebook de estudiantes, de apuntes, etc.

Para vivir de escribir tienes que aportar valor a tu público, sea resolviendo sus tareas (redactar páginas webs, cartas, trabajos académicos, libros para posicionarse como expertos en cualquier tema…), sea entreteniéndolos (literatura de ficción) o sea dando solución a sus problemas personales: ensayos y desarrollo personal o autoayuda.

Por ejemplo, si gracias a este ejemplar consigo que muchas personas alcancen su sueño de vivir de escribir, seguro que las ventas serán buenas y obtendré algo de *money*/lana/plata. En cambio, si resulta que estas páginas no son útiles, el algoritmo de Amazon enterrará la publicación para que nadie pierda el tiempo en ella, yo no ganaré dinero, pero aprenderé que debo mejorar en el próximo intento

Las finanzas son sencillas para un escritor, ¿quieres ganar más dinero? Aporta más valor al mercado, dale lo que quiere. ¿Cómo saber qué quiere? Analizando lo más buscado y la oferta existente.

También puedes ver un paso más adelante. ¿Qué libro necesitará el mundo (o una parte de él)? ¿Cómo sobrevivir al confinamiento? ¿Cómo evitar pandemias? ¿Cómo usar la inteligencia artificial? ¿Cómo *viajar* por la Grecia clásica o el Perú contemporáneo? ¿Cómo usar dinero electrónico? ¿Cómo programar?

Capítulo 3: Trucos para vivir de escribir

1. Aumenta el tique

No vendas solo el texto, añádale otras fuentes de ingresos, como otros libros tuyos, tus servicios, o enlaces de afiliado a productos relacionados.

Es buena idea cuando ya te has ganado la confianza de un público, tener algo con un precio alto, como un curso de unos cientos de euros/dólares. Puede ser tuyo o no, aquí es donde entramos en el segundo truco, el *marketing* de afiliados. Hay muchas opciones, pero la principal, en cuanto a cursos en línea (infoproductos) se refiere, es Hotmart.

También puedes aprovechar el poder de tu obra para ofrecer tus servicios profesionales. El punto es que no solo obtengas dinero por las regalías y también lo consigas por otras fuentes vinculadas. En el caso de que recomiendes productos que no sean tuyos, todo el proceso será automático, pero asegúrate de que valga la pena lo que estás anunciando porque tu nombre (o pseudónimo) está en juego.

Es cierto que, si lo que vendes gracias a tus libros son tus propios servicios o productos, entonces no estarás viviendo exclusivamente de escribir, si para ti no es un problema, adelante con usar esta estrategia.

2. Usa el *marketing* de afiliados para generar ingresos

Ya sea con enlaces en libros electrónicos, en páginas webs o en redes sociales.

La gran empresa en la que tienes que estar es Amazon, a no ser que estés en China, entonces mejor AliBaba.

Investiga, hay compañías nuevas cada día y los sistemas de afiliados cada vez son más comunes.

Algunos brókeres y monederos electrónicos también ofrecen dinero a cambio de que les consigas clientes. Si te interesa el mundo de las finanzas, esta opción es muy válida: escribes un libro aportando valor sobre temas relacionados con las acciones o el dinero electrónico (criptomonedas) y añades el enlace de afiliado a tu bróker favorito (o a todos los que encuentres, con un análisis de las ventajas y desventajas de cada uno).

3. Piensa en nichos e investiga las palabras clave que más tráfico están teniendo

En la página de Amazon (recuerda que tiene una por tienda, revisa todas en las que te interese vender) está el segundo buscador más usado del mundo, solo después de Google, úsalo para encontrar las sugerencias que te da para completar el texto.

Escribes, por ejemplo, novela, y ves qué palabras aparecen después: esas son las más utilizadas. Apúntalas. Haz clic en ellas. ¿Hay una buena oferta para satisfacer la demanda? ¿Los ejemplares existentes son de calidad? ¿O puedes hacer uno mejor?

Si es un tema que domines, haz algo mejor que los demás, dando más páginas, más calidad, por menos dinero. Si el *bestseller* es cómo hacerte rico en cinco años, tiene cien páginas y vale siete euros, haz un libro sobre cómo hacerte rico en un año, de al menos ciento cincuenta páginas, y no lo vendas por más de cinco euros. ¿Cuál van a preferir? Si todavía no controlas el género, sigue, te daré más consejos para defenderte en cualquier contexto. Y recuerda que siempre puedes delegar las tareas que no quieras realizar, como escribir, en crearycorregir.com encontrarás excelentes alianzas.

4. Lee, lee y lee

Es básico, es el alimento de un escritor. Como no quieres arruinarte comprando libros que luego almacenarías sin sentido, recurre a las bibliotecas, la mayor de todas es Kindle Unlimited, tienes un mes gratis y luego 9,99 euros al mes. Si, como yo, lees bastante más de unas doscientas páginas mensuales, vale totalmente la pena: magnífica inversión.

Si estás en la edición electrónica, entrando desde mi enlace de afiliado me ayudarás a llevarme una pequeña comisión y evitarás caer en estafas, la web a la que lleva el *link* es la oficial de Amazon y en ningún caso te saldrá más caro que llegar desde otra página.

No te basta con leer lo normal, ni con que sea un poco cada día. Conocer lo publicado es parte de tu trabajo, puedes hacer lecturas rápidas y diagonales, pero tienes que hacerlas. Aprende a discernir, hay libros valiosísimos, y otros que son una pérdida de tiempo. Conoce todo lo que vende, lo que tiene éxito, y entiende por qué gusta.

Necesitas conocer el mercado editorial al máximo.

5. Amplia tus horizontes en la vida real, experimentar, conoce nuevos lugares y personas

Viaja, no hagas turisteo, conoce de verdad los sitios a los que vayas. Si todavía no puedes vivir de escribir, trabajar fuera es una experiencia muy enriquecedora, y algo siempre encontrarás, dinero y vivencias ¿qué más quieres?

Además, si el trabajo es nefasto, te dará la motivación que necesitabas para escribir hasta que te resulte rentable, no querrás volver a ser un empleado.

Cuentan que Gabriel García Márquez se encerró para escribir su obra más célebre *Cien años de soledad* (inspirada en *Pedro Páramo*, del menos famoso, pero todavía más brillante Juan Rulfo) después de concluir que, o conseguía un libro que de verdad vendiese, o tendría que ser carpintero toda la vida.

Lo cierto es que es así, o escribes algo que la gente esté dispuesta a comprar, o tendrás que dedicarte otra cosa.

Lo bueno es que no hay límites de intentos, hoy cualquiera puede autopublicar sus textos. Si nadie te quiere editar, haz tú mismo todo el trabajo (contrata, al menos, correcciones profesionales). Sigue haciéndolo, al menos hasta que llegues a los cinco mil libros.

Si no estás vendiendo, viaja, muévete, empápate de realidad, atrévete a vivir aventuras, y luego vuelve a escribir. Ya sabrás sobre qué debes hacerlo. Pregúntate cuáles son las verdades que te han sido reveladas y que el resto de la humanidad necesita conocer. El objetivo de un viaje es cambiar tu propio punto de vista.

6. Participa en concursos

En especial en aquellos de editoriales que te gusten, municipios y otros organismos públicos. En ocasiones, aunque no los ganes, pueden ofrecerte publicar tu obra. No aceptes cualquier contrato, aunque si has decidido enviar tu manuscrito debería ser porque es una institución que te gusta.

No dejes de investigar por tu cuenta, encontrarás algunos en https://www.escritores.org/concursos/concursos-1/concursos-literarios. Apunta en tu agenda (o donde sea que escribas las cosas importantes, puede ser en un corcho o con un imán en la nevera) las fechas límite para tener tus textos listos, cuenta el tiempo que necesita el corrector, que usualmente será como máximo un mes, así que, 30 días antes de que dejen de aceptar manuscritos, debes tenerlo acabado.

Si es envío digital, la inversión que se requiere es mínima. Pero, en caso de que te pidan envío en papel y tengas que pagar impresiones y mensajería, no te recomiendo hacerlo a no ser que tu material sea excelente o que no te importe perder el dinero invertido.

Piensa que un texto con faltas de ortografía o que no engancha desde la primera línea es desechado de inmediato en cualquier concurso serio.

7. Únete a otros escritores

Ya sea en círculos de lectura o talleres. Puedes encontrar algunos gratuitos, financiados con dinero público en asociaciones culturales, de vecinos, o espontáneas. Déjate conocer y apoya a los demás. También úsalos para solicitar reseñas, comprarlas está prohibido, pero no hay ningún problema si le pides a tus lectores, amigos y compañeros de oficio, que den su opinión sobre tus libros, en Amazon, en Google, en la página profesional de Facebook, y/o en otra red social o página, como https://www.goodreads.com/, web en la que puede participar cualquiera, sin necesidad de registro.

En Facebook solo hace falta tener una cuenta; en Amazon, además, te piden que hayas gastado al menos unos 50 euros o dólares en los últimos meses para poder dejar reseñas.

En la página web de la empresa de Jeff Bezos, cuando tus lectores hayan comprado el *ebook*, aunque sea de forma gratuita, las reseñas aparecen como "compra verificada". No es así si lo leen usando la suscripción a Kindle Unlimited.

Por tanto, el mejor momento para solicitar reseñas es cuando estés regalando tus *ebooks*, no te llevarás regalías, pero el algoritmo valorará al máximo las opiniones recibidas.

Si quieres sacar el máximo rendimiento, puedes pedir que te lean usando la suscripción a Kindle Unlimited (contando que tu obra forme parte de KDP Select, puedes incluirla con solo hacer un clic, pero exige que durante los 90 días de cada contrato no ofrezcas el mismo contenido en ninguna otra plataforma), y, decirles que no dejen su reseña todavía. Mejor que lo hagan cuando compren, durante el tiempo que pongas el *ebook* sin coste. De este modo ganarás el dinero de la lectura (es importante que no solo pasen las páginas rápidamente, el algoritmo toma en cuenta cuánto tiempo están dedicándole, y según eso es la cuantía que reciben los autores) y, además, tendrás reseñas que aparezcan como compras verificadas.

8. Encuentra páginas webs y cuentas en redes sociales que se dediquen a

    promocionar libros

Muchas de ellas son afiliadas a Amazon y se llevan comisiones por las ventas que se

hacen desde su sitio web. Envíales tu catálogo para que los incluyan en el suyo.

Si tienes una página web o cuenta en alguna red social que se dedique a

promocionar libros de forma gratuita, puedes escribirnos a

contacto@crearycorregir.com y darnos los datos para que en la próxima edición de

este manual aparezca aquí.

9. Organízate

Planifica tus publicaciones. Utiliza la primera parte del día, cuando tienes más energía y estás más lúcido/a, para escribir. La segunda, cuando ya estés cansado/a, al *marketing* siguiendo el plan que hayas escrito estando al 100 %, la mayoría de las tareas son sencillas: hacer publicaciones en redes, responder correos o mensajes. Asegúrate de no dejarlos esperando demasiado tiempo, si tienes varias direcciones puedes hacer que todos los correos te lleguen a la misma, solo tienes que configurar que automáticamente se realicen los reenvíos a una única cuenta que sea la que revises diariamente; también tómate algún día libre, lo más común es que sea los domingos.

10. Usa la validación social

Somos animales, usamos el cerebro reptiliano más de lo que nos gusta reconocer. Tomamos decisiones por lo que sentimos y luego lo racionalizamos. Uno de los más potentes generadores de confianza es la validación social.

Nada te ayudará más a vender que la demostración de que otros ya lo han hecho y están más que satisfechos.

Puedes dar a conocer esa validación en tus redes sociales, con fotos y vídeos de lectores junto a tus libros, y con capturas de los comentarios positivos que recibes. Si son las reseñas, puedes compartirlas sin restricción; si se trata de mensajes privados, primero pide permiso.

11. Embudo de ventas (*funnel*)

Si todavía no conoces qué es un embudo de ventas, ha llegado el momento: es un sistema en el que tus potenciales clientes van conociendo tu marca y tus productos hasta que llegan a tomar la decisión de comprar.

Puedes hacer uno gratis, creando contenido de acuerdo con las tres partes básicas de todo túnel (es cierto que existen diferentes formas de hacer esto, te recomiendo que investigues por tu cuenta, experimentes y acabes con el modelo que mejor te funcione): descubrimiento, consideración y decisión.

Pongamos ejemplos prácticos en el mundo de la literatura. Te dedicas a escribir novelas LGBT, ya tienes tu página web y tus redes sociales. No vendes libros, vendes identidad. En este momento eso es lo que nos mueve como consumidores: compramos pertenencia a un grupo al que aspiramos.

Debes crear contenido gratis que resuelva los problemas de tu público, y hacerlo constantemente. ¿Cuáles son esos rompecabezas? Tienes que investigarlo, puedes hacerlo buscando las preguntas más recurrentes en grupos o foros de tu nicho (movimiento LGBT, en este caso) y las reseñas que tienen libros del mismo tema. ¿Hay alguna crítica que se hace varias veces? Puede ser que el libro sea demasiado breve, que la trama carezca de originalidad, que los lectores extrañen otro tipo de protagonismo, que las faltas de ortografía hagan daño a la vista o cualquier otra área de oportunidad para ti.

También puedes hacer encuestas y entrevistas en profundidad. Pregúntale de cara a tu potencial cliente qué es lo que quiere, a veces lo sabe.

Para la fase de descubrimiento el contenido tiene que ser general, llamativo, apto para un público amplio y 0 promocional. Podrían ser reseñas de otros libros del mismo género, así ayudarías a tus colegas del gremio y podrías monetizarlo con enlaces de afiliación. También puede ser contenido técnico que ayude a crear personajes, estructurar la novela o hacer correcciones ortotipográficas.

Revisa las estadísticas, potencia lo que mejor funcione, compártelo y haz más.

En la fase de consideración ya podemos entrar con el propio catálogo. Ya puede haber un toque (solo un toque) más comercial, ahora ya te conocen, te has ganado la atención porque has dado valor de forma desinteresada y te has mostrado como alguien con *expertise* en el género.

Ya puedes mostrar lo que vendes. Igualmente debe ser contenido aséptico, ir a las emociones, pero también a la razón. Solo al final haces un llamamiento a la acción.

En la última fase del túnel ya vamos directos a la venta. Es verdad que esto se trata de hacer relaciones, pero queremos vivir de escribir, hay que cobrar. Y para ello las promociones no deberían de faltar en tu mercadotecnia.

Ya te conocen, han invertido tiempo en ti, ¿qué mejor que premiarlos con una promoción? Puedes hacerla sin perder dinero, así sucede con los formatos electrónicos, y también puedes reducir al mínimo tu beneficio en las ediciones de papel.

Hazlo regularmente, especialmente cuando el libro acaba de salir, así conseguirás ganar popularidad (si está en Amazon, subirá en los ránquines), después puedes subir al precio que consideres justo.

Es todo un tema lo de cuánto cobrar, mi consejo es que tengas mejores precios que la competencia. Es mejor ganar poco, que no ganar nada. Si tu oferta es mucho mejor, puedes cobrar más, pero no siempre es así.

El contenido de promociones para la fase de decisión de tu embudo lo tienes que cuidar tanto como el resto, y todo deberá estar enlazado para que la progresión resulte natural.

Otra vez ejemplificamos: te conocen buscando información sobre novelas LGBT, encuentran reseñas interesantes, incluso de obras que ya conocían, leen que eres un referente y que ayudas a otros escritores nóveles, les gusta la muestra de tu texto que han podido catar gratis y, en cuanto les ofreces una promoción, deciden aprovecharla. Mejor eso que acabar pagando más si quieren leerte luego, ¿no?

Tu túnel tiene que aportar valor por sí mismo y no servir solo para darte dinero, tiene que mejorar la existencia de su audiencia (por ejemplo, ayudándole a encontrar mejores opciones para leer gracias a reseñas honestas y precisas). Eso hace que estén predispuestos a comprar, sienten que te deben algo.

12. Periodistas

No solo hay personas influyentes en redes sociales, también puedes encontrar periodistas con públicos muy interesantes. Busca aquellos que ya hayan escrito sobre temas similares a los que trates en tu obra y que tengan cierta relevancia, aunque aparecer en cualquier periódico, incluso uno local, puede darte algunas nuevas ventas.

Escríbele un correo personalizado a cada uno, usando las técnicas persuasivas que mencionamos en este manual: háblale de cómo le ayudarás a resolver su necesidad de darle a los editores noticias nuevas e interesantes, dale carnaza.

13. Testea

Haz pruebas, minilibros, para saber si funcionan. No inviertas más tiempo a algo que no vende, siempre que puedas dedicárselo a otro tipo de escrito que sí te está dando rentabilidad o a poner en marcha un nuevo proyecto literario.

Con KDP de Amazon puedes tener una edición en tapa blanda desde las 24 páginas.

Quizás no lo vayas a vender por mucho dinero, pero los llamados libros de bajo contenido tienen su público.

Ya no venden esos tochos de cientos de páginas, tienes que conocer muy bien al autor para saber que no estás tirando el dinero comprando algo tan grande.

Ahora la moda son ediciones sencillas, de bolsillo o para leer mientras esperas la cola del supermercado. Que no requieren demasiada concentración, textos aptos para todos los públicos, como estas mismas páginas.

No dejes de hacerlo por placer, pero este libro va sobre vivir de escribir. Hay que ser prácticos. Utiliza la regla de Pareto, el 20 % de tu trabajo es el que te está dando el 80 % de tus ingresos, céntrate en aumentar lo que te está siendo más rentable.

14. No aísles tus tomos

Crea series o colecciones, luego puedes unirlos en un nuevo libro que venderás más caro y que el público percibirá como más valioso (¡3 en 1! ¡*Ofertón*!). Al acabar cada volumen incluye los nombres y, en la edición electrónica, enlaces de afiliado al resto de los libros.

Intenta conseguir traducciones, siempre suman. El idioma más usado en el mundo de Amazon (y el tercero a nivel mundial) es el inglés, conseguir estar en la lengua de Shakespeare no solo te conseguirá ventas en todo el mundo, también ayudará a tus ventas en castellano.

Otras traducciones, aunque sean a lenguas con menos usuarios, también te aportan llegar a nuevos públicos. Piensa en el italiano, griego, portugués, chino, catalán, alemán, polaco, ruso… Hasta donde seas capaz de llegar.

Recuerda que los escritores más ricos y famosos son traducidos a más de una decena de idiomas.

Como lectores pensamos que si a alguien lo han traducido es porque vale la pena, porque es tan bueno que no quieren que nadie se lo pierda.

Si estás vendiendo bien, traduce y escribe más para ese mismo público. Pídeles datos de contacto para poder avisarles cuando haya nuevas publicaciones (por cierto, escríbenos a contacto@crearycorregir.com si quieres que te notifiquemos nuestras novedades).

Además, gracias al aprendizaje, cada libro que escribas de un mismo género o sobre un mismo tema, será mejor que el anterior, lo harás más rápido y aportará más valor.

También puedes crear la versión en audio, será otra fuente de ingresos y te permitirá acceder a un público más amplio. Los audiolibros tienen un futuro prometedor, en el mundo anglosajón ya están muy extendidos y en el resto del mundo también están empezando a ganar mercado.

15. *Copywriting* y la capacidad de sorprender

Para que alguien te regale su atención en el mejor de los casos tienes una ventana de oportunidad que no dura más de cinco segundos. A no ser que sorprendas en ese tiempo y quieran saber más, pasarás al olvido.

Esto aplica a toda tu comunicación inmediata con posibles lectores: descripciones, primeras páginas (en Amazon es posible ver una muestra de los libros electrónicos) y anuncios.

Practica la escritura persuasiva o *copywriting*, aprende a centrarte en las necesidades de tu cliente o lector al comunicarte. No escribes para ti, escribes para mejorar *su* vida. Por ejemplo, en lugar de describir tu producto "en este libro encontrarás/hago X, Y y Z, que es muy difícil y tiene mucho mérito", mejor "con este libro podrás resolver X, Y y Z, lo que te hará mucho más feliz porque A y B son C".

Despejando las incógnitas con un ejemplo más concreto: con este libro podrás aprender a sobrellevar momentos difíciles, recuperarte ante las adversidades y cultivar lo mejor de mismo; lo que te hará mucho más feliz porque cuando eres optimista y alegre, quienes están a tu alrededor también lo son y hay un efecto multiplicador. ¡Únete a este movimiento que ya está cambiando el mundo!

16. Instagram y Facebook

Una estrategia de *marketing* de bajo coste, para que salga bien, como para todo en tu trabajo, es esencial que haga disfrutar.

Elige tu publicación literaria o ensayística preferida y prepárate para diseccionarla en frases, imágenes y vídeos. Crea una página y un grupo en Facebook (Fb) y una cuenta en Instagram (Ig), y sincroniza las dos redes sociales para que lo que publiques en Ig aparezcan en Fb.

Envía tu obra a *influencers* para que se fotografíen y graben con ella, puedes pedirles el contenido para publicarlo en tu red social y/o que aparezca en sus cuentas. Puedes encontrarlos buscando hashtags relacionados con el mundo editorial, como #libros, #reseñas, #bookstagram y #bookstagrammer.

Haz varias cuentas, con perfiles de autor/pseudónimos y obras. Busca cuentas similares a la tuya y sigue a sus seguidores. Hazlo poco a poco para que no te bloqueen temporalmente la cuenta. Conviene leerse las normas de las redes sociales que utilizas, ahora mismo no recuerdo exactamente cuáles son los límites, aunque es algo que puede cambiar en cualquier momento. La forma de evitar problemas es teniendo siempre un comportamiento humano, y que no parezca como si fueses un robot haciendo clic sin parar.

Al fin, lo único que buscan es proteger la usabilidad.

El algoritmo de estas redes sociales potencia el alcance de las publicaciones que reciben más interacción en los primeros momentos de la publicación.

Si quieres aumentar al máximo el número de personas a las que llegas una opción es la de pago, promocionando la publicación, pero no te la aconsejo a no ser que puedas obtener un retorno muy alto. Para vender un *ebook* de 3 euros no vale la pena, para una trilogía en ediciones de papel (de, al menos, 9,99 € cada libro), quizás sí.

Pero mejor publica regularmente contenido de calidad y cuando hagas una nueva publicación pídeles apoyo a tus amigos, y con tus diferentes cuentas, dale toda la interacción que puedas a ese nuevo post: guardar, corazón, enviar o compartir, comentarios, responder los comentarios y que haya conversaciones… Lo mismo que sucede en las cuentas más influyentes.

Para provocarlo de forma natural es válido usar asuntos polémicos, pedir directamente a la audiencia su opinión suele funcionar. El ego es una pandemia y, en tiempos de sobreinformación, resulta un halago que quieran prestarnos atención y saber qué pensamos.

17. Ventas

Si quieres vivir de escribir, necesitas saber al menos lo básico sobre ventas. Trata de no caer en el *spam*, no convertirte en una molestia. Me gusta mucho la frase: `en esta vida puedes ser todo, excepto pesado´.

Conseguirás ventas según dos cuestiones: cuánto valor aportes y las relaciones que cultives. No hay más. Valórate y valora tu trabajo, no trates de venderlo explícitamente. Nadie quiere que le intenten sacar el dinero a cambio de algo que ni siquiera considera necesitar. Estás en el mercado de los libros, ubícate. Los mejores lectores que puedes tener son aquellos que después de apreciar una muestra gratis de tu producto (poniéndonos mercadólogos, eso es lo que es, especialmente tu *ebook*: un producto informático con coste de producción marginal 0, escalable hasta el infinito) y después de eso ellos mismos te buscan para comprar todo lo que tengas publicado.

¿O soy el único que ha hecho esto? ¿Nadie más ha buscado por todas las librerías de su alrededor (por teléfono, para ahorrar tiempo) algún ejemplar escaso? ¿O en Internet hasta conseguir un envío a domicilio que, cuando llega, te da una da una alegría inmensa?

Si tus creaciones son muy buenas y mantienes abiertas vías de comunicación, las ventas irán creciendo constantemente. Algún correo electrónico, redes sociales, tuyas o las de editorial (a mí me puedes enviar un correo a contacto@crearycorregir.com, ya lo he mencionado, pero no está de más repetirlo, mis lectores suelen ser tímidos, anímate).

No hacen falta suscripciones a contenido si este no va a tener la calidad que requeriría la atención: todo lo que regales debe ayudar a resolver los problemas de tu público objetivo, *target* o tribu: aquel perfil que tomas de referencia para dirigir la comunicación; por ejemplo, no hablas igual a jóvenes que te siguen porque escribes novelas estilo Bukowski, que a abuelas a las que les enseñas recetas.

Mejor poco y excelente, que mucho y mediocre. Mejor calidad, que cantidad.

Cuida al máximo a tus lectores y clientes, dales más de lo que esperan, apréndete sus nombres y trátalos con respeto. Da las gracias cuando hagan algo por ti. Sé honesto al máximo, aunque a veces duela, generar confianza vale más.

No recuerdo dónde lo leí, pero es totalmente cierto: el mejor *marketing* de un libro es…

Otro libro.

Olvídate de pesados mensajes: escribe, escribe y escribe, cuantos más libros tengas, mejor escribirás y más se venderán. No hay mejor publicidad que el boca a boca. Escribe libros extraordinarios y llegarán las ventas.

18. *E-mail marketing* y WhatsApp o Telegram

Tener una base de datos con direcciones de personas interesadas en tus libros siempre es un buen recurso para tener lanzamientos más exitosos.

Si tienes el número de teléfono puedes contactarles mediante una aplicación de mensajería instantánea, mejor que por correo electrónico.

Puedes ir haciendo la lista poco a poco, pidiendo el contacto a tus lectores, dándoles algo gratis es más probable que accedan. También puedes meter unos billetitos y acelerarlo con publicidad pagada, un anuncio en Facebook en el que invites a descargarte gratis un pequeño *ebook* a cambio de dar su dirección (correo y/o teléfono) puede servirte para rápidamente tener una base de datos de tu público, después podrás enviarles más contenido, aplicar el túnel de ventas.

19. Diccionarios

Úsalos siempre que escribas o corrijas un texto. Especialmente uso el diccionario de sinónimos para evitar las redundancias. Es muy común repetir demasiado algunas palabras, a mí, en este mismo ejemplar me ha sucedido con las palabras libro y escribir. El primer sinónimo que me ha dado es el que acabo de usar ("ejemplar", valga la redundancia), y siete más que tampoco suenan mal: tomo, volumen, obra, texto, manual, compendio, vademécum.

Antes de entregar un escrito, revisa si repites alguna palabra demasiadas veces, en Word puedes darle a buscar (en inicio a la derecha) y sabrás exactamente cuantas veces aparece. Aunque depende de las palabras que sean, si están más de diez veces en unas cincuenta páginas, busca sinónimos y considera sustituirlas en algunas ocasiones.

Wordreference.com es una buena opción.

A la RAE no hay que seguirla ciegamente. Un escritor tiene que ser creativo, haz lo que te dé la gana; si te entienden, vas bien. En cualquier caso, lo principal es que lo disfrutes, si es así es posible que tus lectores también lo hagan. Y que les jodan a las academias; la única que ilumina es la que arde.

20. Domina el mayor número de géneros que te sea posible

Aunque acabes especializándote en uno o dos, está bien que, si te lo piden, puedas aportar un texto de cualquier tipo.

Te voy a compartir los que considero lineamientos fundamentales para los géneros en los que tengo experiencia.

Los **ensayos**, libros de desarrollo personal o autoayuda y artículos divulgativos deben estar escritos en segunda persona del singular, con párrafos cortos y frases simples. Sin florituras, cuanto más cortos sean, mejor. Lo de hacer cientos de páginas con discusiones abstractas, en mi opinión, ha pasado a la historia. Si quieres ganar dinero, a no ser que realmente el nicho en el que seas fuerte sea ese (el de los filósofos clásicos, por decirlo de algún modo), no te aconsejo que escribas de ese modo. Hoy lo que más vende son los libros fáciles de leer, cortos, visuales, que no requieren excesiva concentración para digerir sus argumentos o tramas.

Si lo que quieres escribir es **poesía,** tienes que dominar los principales recursos literarios y saber dosificarlos en tus poemas. Esto no estoy seguro de si es algo personal o algo que sucede en general, pero creo que la poesía con demasiados recursos resulta ininteligible, y que, la que carece de ellos, simplemente ni siquiera es poesía.

Mi consejo: un solo recurso en cada poema. Puedes hacer ahora mismo el ejercicio de componer uno o varios poemas con cada figura poética, después de hacerlo envíaselo a un corrector que sepa de poesía (puedes encontrar en crearycorregir.com/contact) y tendrás un interesante poemario que te dará regalías durante toda tu vida y setenta años después a tus herederos.

Los más usados son: metáfora, hipérbole, oxímoron, hipérbaton, anáfora, elipsis, aliteración, onomatopeya, calambur, paranomasia… Busca ejemplos de cada uno de ellos y crea tus propios versos usando las mismas técnicas.

Para los **cuentos o relatos**, lo más importante es el momento o anécdota. No olvides la célebre frase del cuentista argentino Julio Cortázar, el aficionado al boxeo hizo un símil muy ilustrativo: las novelas son peleas a puntos, los cuentos los tienes que ganar por KO.

Esto quiere decir que no se trata tanto de entretener, como sí de impactar.

Las **novelas** tratan sobre personajes, sobre su desarrollo a lo largo del tiempo (el arco). Una herramienta que a mí me ha servido para crear excelentes historias es la Hoja de Tiempo de Blake Snyder (HTBS), la puedes encontrar fácilmente en Google y leer su libro si quieres informarte más.

En pocas palabras, es una estructura con la que tener una novela (o guion de cine) vendible, de unas ciento diez páginas y con cuarenta escenas que puedes visualizar en tu tablero. Con estas dos herramientas, la HTBS y el tablero, podrás hacer novelas como churros.

La estrategia consiste en primero explicar en unas frases todo lo que sucede y completar la HTBS. Después hacer las cuarenta fichas para cada una de las escenas y colocarlas en el tablero. Escribir con esto ya es muy fácil. En una semana puedes tener un *Word* preparado para ser *bestseller* en categorías como novela erótica, romántica, o comedia familiar. Es el método de los guionistas de Hollywood.

21. Becas.

Hay muchísimas becas, dependiendo de dónde residas deberás buscar, pues muchas no aceptan solicitudes de cualquiera, aunque las hay que sí, como suelen ser las becas para maestrías y doctorados en universidades de México (en los posgrados de calidad CONACYT) y en Estados Unidos, a cambio de ser asistente de investigación o de enseñanza.

Revisa en las páginas webs de las instituciones públicas, como gobiernos, tanto regionales, como locales y estatales. También las de los bancos, como Santander o La Caixa.

Una de las webs que puedes utilizar para informarte es https://www.becas.com/.

22. Utiliza los recursos públicos para formarte

No solo becas, también en bibliotecas y asociaciones podrás encontrar no solo libros,

también cursos, profesores y mentores, tanto en línea como en tu pueblo o ciudad.

23. Autopublica con KDP (Kindle Direct Publishing) de Amazon y con Draft2Digital

Está bien vender tus *Word's* y *Pdf's*, publicar con editoriales y repartir tus ejemplares mano en mano. Pero estar en la mayor librería virtual del mundo es casi obligado si quieres vivir de escribir y todavía no eres famoso, el alcance orgánico que ofrece es difícil (quizás imposible) de conseguir en otro sitio.

¿Cómo hacerlo? Si estás en Europa o Estados Unidos, es fácil, y ya hay guías al respecto. La mejor: la que Amazon te ofrece en su web, en el apartado de ayuda de KDP.

Si estás en otro país necesitarás una cuenta bancaria en uno de los países que acepta Amazon para poder autopublicar, quizás la puedas conseguir por algún familiar o amigo; en caso contrario la única opción que conozco (o la más sencilla) es con Payoneer, aunque implica un coste. Te haces un usuario en la plataforma de pagos que vinculas con un banco en tu país, y ya es como si tuvieses una cuenta en Estados Unidos desde la que podrás enviarte el dinero.

Draft2Digital es una herramienta muy completa, que te ofrece muchas facilidades para estar en varias librerías virtuales: maquetación, promoción, lista de correo, añadir derechos de autor automáticamente si lo deseas, incluso te ayuda a tener tus audiolibros. Aprovecha mi enlace de afiliado: https://www.draft2digital.com/cyc.

24. Aprovecha la tiendas y librerías

Ya tienes tus libros impresos, pero necesitas vender, ¿cómo hacerlo? Te sorprendería saber cuántos establecimientos están dispuestos a ofrecerte parte de su espacio, a veces, incluso, de su escaparate.

Investiga esta posibilidad, puedes hacer un rastreo por teléfono y luego ir en persona. Llama a todas las tiendas y librerías que crees que podrían vender tus ejemplares y pregúntales por la posibilidad de dejarlos en "depósito" (así le dicen en las librerías, al menos en la Península Ibérica).

¿Qué significa esto? Haces un papel con el número de ejemplares y los datos del lugar donde quedan en depósito, se lo haces firmar a la persona encargada y en un plazo de un mes (si no te llaman antes porque quieren más) vuelves por allí y, si quedaron libros sin vender, te los llevas (ya los venderás en otra parte, o regálalos). Aquellos que se hayan vendido son los que debes facturar.

25. Regala tus libros

Ya sea en edición digital (en KDP Select, de Amazon, lo puedes hacer 5 días de cada 90), o en papel.

No hay mejor promoción. Pagar por un anuncio puede ser tirar el dinero si no se logra iniciar ninguna nueva relación. En cambio, regalando parte de tu trabajo es muy probable que generes una deuda simbólica o moral con quien te lea y acabe dándote su dinero.

Conclusión

Vivir de la escritura requiere una pasión que haga que le dediques toneladas de tiempo y mejores tus escritos paulatinamente, además, que tengas ciertos conocimientos de mercadotecnia o una orientación natural para las ventas.

Si eres muy sociable te será más fácil ganar dinero vendiendo tus escritos, conocerás a más gente y caerás mejor, por lo que es más probable que te den su dinero, aunque solo sea por esa simpatía que les generas.

Como has visto en este manual, si quieres que tu vocación te dé el efectivo que necesitas, tienes que crear para los demás.

Está muy bonito tener diarios, poner por escrito nuestras frustraciones, anhelos y reflexiones. Pero eso no te hace un escritor profesional.

La profesionalización se consigue entendiendo que esto es un negocio, no se trata de ego, es una cuestión de aportar valor.

Si llevas meses con una novela y no la das acabado, abandónala, publícala como esté y pasa a otra cosa. Pero, antes, investiga los mercados. Planifica tu producción para hacerla atractiva, superior a la competencia.

Dicen que un leñador al que le dieron 100 días para talar un árbol se pasó 99 afilando el hacha. E hizo lo mejor que podía hacer.

Prepárate con todo, diseña toda la estructura y agenda cada libro. Cuando te pongas a mecanografiar será más fácil porque ya sabrás qué debes hacer.

Ojalá este libro te sirva para vivir de escribir. De verdad, no es fácil, pero es posible.

Si te ha gustado, una reseña 5 estrellas ayudaría mucho.

Puedes escribirnos y seguirnos en las redes sociales.

 www.crearycorregir.com

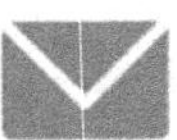 contacto@crearycorregir.com

 @crear_corregir

 @Crear y Corregir

 @Crear_Corregir

 Crear y Corregir

Hemos hecho un grupo en Facebook para seguir compartiendo trucos, se llama Vivir de escribir. ¡Únete!

https://www.facebook.com/groups/vivirdeescribir

<u>Cómo escribir y autopublicar un libro en menos de una semana: 25 métodos infalibles para escribir mejor y superar cualquier bloqueo como escritor</u>

Sobre gestión del dinero (finanzas personales):

Invertir en dividendos: guía para invertir en bolsa y lograr la libertad financiera

Los cinco pasos del camino a la libertad: Desarrollo personal y educación financiera

¿Invertir en CRIPTOMONEDAS? Finanzas, dinero electrónico y revolución: compra Bitcoin (BTC), Binance (BNB), Cardano (ADA) y otras monedas digitales para conseguir ingresos pasivos

Gracias por elegir este libro, como recompensa, te regalamos otro si te suscribes a nuestra lista de correos (no te enviaremos *spam*, solo contenido de calidad): https://www.subscribepage.com/vivirdeescribir.

Si tienes cualquier duda o crees que te podemos ayudar: contacto@crearycorregir.com,